PABLO REYES ARELLANO Y CARLOS GONZÁLEZ MELLA

LOS FUTUROS QUE NOS HABITAN

Hacia una mirada enactiva y transracional de lo por venir

AE | Activo Editorial

Los futuros que nos habitan
Hacia una mirada enactiva y transracional de lo por venir

© 2025, Pablo Reyes Arellano y Carlos González Mella

Todos los derechos reservados

Autores: Pablo Reyes Arellano y Carlos González Mella

Primera edición: noviembre de 2025

Equipo de **esacosa.es / activoeditorial.com** que acompañó el proceso de publicación de *Los futuros que nos habitan*:

Director editorial: Walter Giu
Coordinación editorial: Lourdes Morales Balza
Dirección y diseño de cubierta: César Vittonatto
Diseño de maqueta y maquetación: Ernesto Cova

ISBN: 979-8-9916484-2-4

No se permite reproducir, copiar y/o transmitir,
total o parcialmente, parte alguna de esta obra
sin el consentimiento escrito de los autores.

«La conciencia no es una representación, sino una acción que emerge en el flujo de la experiencia.»

Francisco Varela

Índice de contenidos

Memoria de lo que vendrá 9

Umbral..13

SECCIÓN I 15
   11 puntos de partida para cruzar el umbral ... 17

SECCIÓN II...31
   Del porvenir al futuro habitado 33

SECCIÓN III 43
   Cuando el futuro se volvió objeto..................45

SECCIÓN IV..49
   Hacia una mirada enactiva y
   transracional de los futuros 51

SECCIÓN V..57
   Hacia una práctica viva de los futuros..........59

SECCIÓN VI 65
  Lo que emerge entre: inteligencia
  relacional y co-enacción humano-IA 67

SECCIÓN VII 73
  El Sur como saber encarnado 75

SECCIÓN VIII 81
  El claro del no saber 83

**La práctica del futuro: un campo abierto
entre lo dicho y lo no dicho** 87

Gratitud 91

Los autores 95

Memoria de lo que vendrá

Este libro no comenzó como libro. Comenzó como una conversación. Como una resonancia que, durante años, fue tejiéndose entre nosotros —sin la intención de llegar a algo, sino desde un deseo de permanecer en la pregunta.

Compartimos un vínculo que ha sido, a la vez, amistad, búsqueda, conversación, aprendizaje, duda y gozo. Compartimos caminos de pensamiento, pero también de vida. A veces en palabras; otras tantas en gestos, en miradas, en silencios. Durante ese tiempo, fuimos dejando que algo se nos apareciera. No sabíamos qué. Solo sabíamos que no se trataba de entender más, sino de comprender distinto.

Entre muchas otras cosas, fuimos parte de un campo que nombramos *los áureos*, una palabra faro más que una etiqueta. Fue una comunidad, un espacio cuidado, una conversación amplia y abierta donde lo importante no era acumular saberes, sino sostener un espacio para el aparecer. Allí aprendimos a des-aprender. A acompañar. A dejarnos transformar por la presencia de otros.

De aquel tiempo —de aquella trama— emergieron muchas de las intuiciones que aquí toman forma. Este libro prolonga lo vivido en forma de resonancia, dejando que su huella se despliegue más allá del tiempo en que ocurrió. Es su floración tardía. Es la manifestación en el presente de un futuro que, sin saberlo del todo, ya estábamos gestando entonces. Un futuro que se nos fue develando como una insistencia suave, como una figura apenas esbozada que aprendimos a reconocer solo después de haberla habitado.

Escribir esto fue también recordar. Y recordar no sólo como un mirar hacia atrás, sino como un volver a pasar por el corazón aquello que nos hizo ser. Escribir fue, en cierto modo, revisitar nuestra conversación. Dejar que esas voces —las nuestras y las de muchos otros que nos habitaron sin saberlo— encontraran cauce en una forma compartida.

Este texto no busca cerrar nada. Al contrario: quiere permanecer abierto. Como quien sostiene un cuenco vacío y mágico que nunca se llena y siempre puede recibir. Cada palabra está al servicio de esa apertura. Cada párrafo intenta sostener un modo de mirar que no clausura, que no explica, que no define antes de tiempo.

Y quizás, solo quizás, algo de ese gesto pueda dejarse sentir en lo que sigue.

Umbral

¿Qué hacemos cuando hablamos del futuro?

Esa pregunta nos invita a detenernos. A mirar no solo hacia adelante, sino hacia adentro y hacia atrás. Porque hablar del futuro no es un acto neutral ni un gesto en el vacío. Es una forma de posicionarse en el mundo, de activar ciertas posibilidades y dejar otras en la sombra. Es un modo de intervenir en lo real.

Pero ¿desde dónde hablamos cuando hablamos del futuro?

No hay declaración de futuro que no esté sostenida por una emoción, por una historia, por un lenguaje. Todo llamado a lo por venir emerge desde un claro ontológico: un espacio de sentido —individual, colectivo, cultural— desde donde el mundo se hace visible. Lo que proyectamos depende de lo que podemos ver; y lo que podemos ver, de cómo habitamos.

Cruzar este umbral supone abandonar algunas certezas, permitiendo que algo nuevo aparezca. Dejar espacio para su advenimiento. Y asumir, en ese gesto, la responsabilidad ética de toda acción, incluyendo el mero y nada inocente «decir».

SECCIÓN I

11 puntos de partida para cruzar el umbral

Al cruzar el umbral, queremos ofrecer 11 premisas que no pretenden definir el futuro sino invitarnos a imaginarlo desde otro lugar. Son puntos de partida de senderos para adentrarnos en una comprensión más profunda, más encarnada y más abierta. En lugar de aferrarnos a certezas, nos invitan a soltarlas, a estar más atentos y disponibles para lo que emerge y a establecer una relación más directa con lo incierto. Son una invitación a habitar el futuro no como un resultado, sino como una experiencia viva y relacional, que se construye entre nosotros y el mundo que compartimos.

1. **La vida sucede.** Es un proceso en curso. La vida emerge en la relación, se sostiene en la interacción con un entorno que no es externo, sino

constitutivo. Es encarnada, situada, autopoiética. No existe fuera del nicho que la contiene, la nutre, la escucha.

Lo vivo está siempre situado: no puede aislarse de aquello que lo sostiene. Existe en acoplamiento estructural con su medio, en un entretejido dinámico de sentido y forma, enactuando un mundo. En esa danza entre organismo y entorno, entre afecto y campo, es que la vida se va dando. Cada gesto vital es una relación encarnada con el contexto que la contiene y, a la vez, la transforma.

2. **No todo es claro y distinto.** Hay saberes que no se explican, pero guían. Que no se dicen, pero orientan el cuerpo. Que no necesitan palabras para hacerse presentes. Conocer no ocurre solo en la mente: también se manifiesta en la piel, en la respiración, en el temblor del estómago o en el gesto espontáneo que aparece antes del juicio.

Lo cognitivo es apenas una de las formas de habitar el mundo. Siento antes de pensar. Intuyo antes de comprender. La emoción, el silencio, el arte, el presentimiento: todos son caminos por los que el saber se abre paso.

En mí, como en cada ser humano, habita el recorrido completo de la especie y la historia. El cuerpo es memoria de todas las formas que fuimos. Cargamos en nuestros gestos y en nuestras prácticas sociales la resonancia de lo arcaico, de lo mítico, de lo simbólico. No hay presente sin origen: lo que nos constituye no es solo lo que sabemos, sino cómo hemos sabido.

Y cuando hablamos del futuro — ¿quién habla en mí?

3. **El futuro no existe.** No hay un «allá» al que estemos yendo. El futuro no espera por nosotros como un escenario escondido detrás del tiempo. No es una entidad externa, ni un punto fijo en una línea que avanza.

El futuro emerge. Se forma —o deforma— en las conversaciones que sostenemos, en los gestos que repetimos, en los silencios que cultivamos. Aparece en la tensión entre lo posible y lo deseado, entre lo que aún no ocurre y lo que ya se imagina.

Pero no emerge por sí solo. Lo convocamos. Lo llamamos. Y en ese acto se desoculta. Como en la aletheia griega, no se trata de encontrar lo que ya está, sino de permitir que algo aparezca —como si el mundo, por un instante, se abriera para dejar pasar lo que aún no es. El futuro no está detrás del velo; el velo es el mundo, y lo que emerge se forma en la apertura misma del llamado.

No existe el futuro, sino los futuros que están siendo escritos por sus propios destinatarios: plurales, contingentes, situados. Lo que aparece se configura en el entretejido de palabras, vínculos, prácticas y mundos posibles. El futuro, más que una promesa por cumplir, es una presencia que apenas empieza a insinuarse cuando nos atrevemos a nombrarla.

4. **El futuro es ahora.** Lejos de ser una consigna optimista o un mero juego de palabras, esta es

una afirmación ontológica arraigada en nuestra comprensión enactiva. El futuro no es una entidad que espera más allá del horizonte. No está allí afuera, sino que se manifiesta aquí, cuando alguien lo llama.

El futuro aparece como una preocupación o interés. Como una tensión viva que aparece en el cuerpo, en el lenguaje, en la mirada. No nos llega desde lejos: lo traemos al posar la conciencia sobre lo que aún no es. Ese gesto —el de detenerse, mirar, atender— no revela algo que ya estaba, sino que abre un espacio para que algo sea. Y aún si no lo llamamos o si está fuera de nuestro interés, eso no nos exime: de todos modos al futuro estamos tejiéndolo con otros, con desdén o impecabilidad. Por eso este llamado a detenernos y atender: hay una ética implícita en este modo de habitar que proponemos.

Ser el futuro, más que disponerse a anticipar lo que viene, es volverse el lugar desde donde puede aparecer.

Es atreverse a encarnar lo que aún no tiene forma.

5. **Lo vivo está viviendo.** Lo vivo no se deja atrapar del todo. Responde, cambia, rehace sus formas. Ningún mapa lo agota, ninguna proyección lo contiene. Lo vivo está vivo: respira, se pliega, se bifurca. Y en esa vitalidad, se escapa siempre de las categorías que intentan fijarlo.

Por eso nuestras respuestas —cuando son verdaderamente vivas— no son previsibles. Emergen en el entre, en el encuentro. Son situadas, contextuales, co-creadas. La linealidad se rompe. La predicción se vuelve un gesto de arrogancia. Lo complejo se despliega plenamente cuando lo acogemos con una escucha atenta, sin pretender dominarlo.

Pensar el futuro, entonces, es estar disponibles para lo que aún no sabemos, no un intento de calcular lo que vendrá.

6. **El hábito sostiene evolución.** Lo que hacemos una y otra vez —aunque parezca míni-

mo— deja huella. La vida cambia por acumulación, pero también por interrupción. Cada gesto repetido encierra una variación sutil. Aprender es mutar desde adentro.

Habitamos contextos en evolución. No solo como especie, sino como culturas, como vínculos, como lenguajes. Lo que hoy llamamos «presente» es la sedimentación de infinitas formas de saber, de coordinar, de sentir. Cada conversación porta herencias. Cada decisión arrastra una genealogía.

La evolución no elimina: suma. Integra. Transforma sin borrar. Lo nuevo se teje con lo anterior, creando continuidades inesperadas en lugar de reemplazos. Evolucionamos cuando algo distinto se aloja sin romper lo que somos. Cuando una variación se sostiene y, en el sostener, reconfigura la forma.

Y quizás ahí, en la frágil tensión entre lo que persiste y lo que muta, se cifra la posibilidad de que el futuro no solo repita lo vivido, sino que lo renueve.

7. **Solo en el claro algo aparece.** La presencia es un modo de habitar, no un logro ni un esfuerzo. No es una meta que se persigue como quien corre tras un estado ideal, es un gesto de memoria, un regreso natural, como volver a casa.

No está afuera: está debajo del ruido. Se cultiva como se cultiva un jardín, una actividad más cerca del ocio: no busca tanto producir algo, sino hacer un lugar que acoge. Volver a ella es volver a una forma de estar que escucha, que no empuja, que no nombra antes de tiempo y que incluso calla, humilde, ante lo absoluto otro, lo aún envuelto en el misterio.

Y ese claro es tanto interior como colectivo. Emergemos con otros, en nichos compartidos —afectivos, simbólicos, valóricos— que hacen posible que algo aparezca. La apertura es relacional: no se habita solo.

Solo en ese claro algo aparece. No porque lo forzamos, sino porque le permitimos emerger.

8. **No se puede nombrar lo no dicho.** El lenguaje es nuestra casa, pero también nuestro límite. Habitamos lo que podemos nombrar, y al nombrarlo, lo hacemos existir para nosotros. Pero hay experiencias que aún no tienen palabra. Hay formas de mundo que se sostienen en el borde del decir, en el temblor de lo que no sabemos cómo narrar.

Lo desconocido no se captura al hablar de él con lo ya dicho. Eso lo ajusta, lo traduce, lo encierra. A veces, en el intento de explicarlo, lo domesticamos. Lo volvemos predecible. Cuando intentamos nombrar demasiado pronto, limitamos lo que podría haber sido.

Pero hay otra forma de nombrar: la que no busca controlar sino convocar. La palabra nueva que no describe, sino que crea. El lenguaje que no informa, sino que da a luz. Ese es el gesto poético: no repetir lo que fue, sino abrir lo que aún no ha sido. Y esta poesía no siempre requiere un decir: una nueva comprensión (un nuevo mundo), puede aparecer en una nueva forma de trato con los otros, las cosas y con el mundo que está ahí, a la mano, ampliando las posibilidades del ser.

El arte no explica lo desconocido, crea las condiciones para que aparezca y se vuelva habitable. Tal vez por eso el poeta es un pequeño dios: no porque diga la verdad, sino porque la inventa.

9. **Primero sentimos.** Antes que criaturas lógicas, somos seres emocionales, y es desde esa base que emerge la razón. El cuerpo sabe antes que la mente formule. El gesto, la pausa, la vibración interior: ahí nace lo que después intentamos explicar.

El sentido común heredado nos ha dicho que lo emocional es un desborde del pensar o un error del juicio. Pero creemos que lo emocional es mucho más fundamental, es la predisposición misma a la acción. Aparece como una forma de habitar el mundo: responde al entorno, no como un reflejo sino como sentido encarnado. Puentea entre lo más básico de la sensación y lo más elaborado del pensamiento.

Emociones, sentimientos, estados de ánimo: en ellos se conjuga lo personal y lo cultural, lo antiguo y lo nuevo. La emoción interpreta: le da un marco a lo que comprendemos antes de que podamos nombrarlo. Por eso no pensamos desde la nada: pensamos desde lo que nos conmueve.

A veces creemos que proyectamos futuros con racionalidad, pero lo que proyectamos es lo que nuestro emocionar nos permite. Imaginar el porvenir no es sólo un ejercicio intelectual: es una forma de sensibilidad.

10. El silencio habita en el medio del ruido. Vivimos rodeados de voces, de estímulos, de urgencias. Todo llama y apura; todo demanda una respuesta. El mundo grita. Pero ese grito no siempre comunica. A veces oculta.

El ruido no está solo afuera. También se instala en quien escucha. Aparece cuando soltamos la atención, cuando dejamos que todo nos atraviese sin discernimiento, cuando reaccionamos antes de habitar. Aunque suele pensarse como algo pasivo, la verdadera escucha es un acto de presencia encarnada y activa. Escuchar es elegir a qué dar espacio. Es sostener la capacidad de responder, en lugar de repetir ciegamente.

En el estruendo algo se pierde. El presente se nos escapa mientras corremos detrás de lo que sigue. Nos fragmentamos en tareas, mensajes, ventanas. Y en ese movimiento continuo, dejamos de habitar el instante. Nos exiliamos del ser que somos cuando estamos aquí sin más.

Olvidar el ser es olvidar el cuerpo, la pausa, la respiración. No nos referimos a olvidar una teoría. Es olvidar la pregunta, el gesto, el asombro. En medio del ruido, el silencio se vuelve inaccesible. Pero sigue ahí. Esperando que volvamos.

Volver al silencio no implica aislarse. Es reaprender a estar en el presente sin querer dominarlo. Es abrir un espacio donde el mundo pueda aparecer, otra vez, como si fuera la primera.

11. **El mundo también nos sueña.** No estamos solos imaginando el porvenir. Las condiciones que nos rodean —las estructuras, los cuerpos, los ritmos, los lenguajes— también nos modelan. No soñamos en el vacío. Soñamos desde lo que nos habita: la ciudad, la historia, el clima, la memoria del suelo.

Cada gesto está sostenido por entramados más amplios. Las instituciones que criticamos también nos forman. Las tecnologías que usamos también nos usan. Los sistemas de los que deseamos salir también nos habitan.

El mundo no es solo escenario: es actor. A veces, es quien inicia el sueño. Y nosotros respondemos. No desde la obediencia ni el automatismo, sino desde la escucha. Desde la conciencia de que toda creación es también co-creación.

Y cuando la escucha es profunda, no solo percibimos: sentimos con. Se abre el espacio del co-sentir. Una alteridad que no se domina ni se traduce, sino que se encarna como presencia compartida. Ahí, el conocimiento ya no busca explicar: busca tocar sin dañar. Y ese tocar es, a veces, la forma más alta de imaginar.

Tejer el futuro implica intervenir el presente que lo engendra. Transformar las estructuras que nos sueñan. Redibujar el contorno del mundo desde donde imaginamos, para que lo que emerge no repita, sino renueve.

Porque declarar un futuro no es solo prever: es hacerlo aparecer. Y en ese acto, ético y creativo, nos volvemos responsables de lo que traemos al mundo.

SECCIÓN II

Del porvenir al futuro habitado

¿Qué hacemos cuando hablamos del futuro?
Nombramos lo que no es.
A veces afirmamos. A veces tememos. A veces solo llenamos el vacío.
Decir «futuro» es dirigir la atención.
Es abrir una grieta en el presente.
Y en esa grieta, algo empieza a existir.
Porque todo lo que nombramos, comienza a tomar cuerpo.
Y eso que traemos al lenguaje, también nos transforma.

Hablar del futuro no es una simple extensión de la razón hacia adelante. Es un acto que revela desde dónde nos relacionamos con lo que no ha sucedido. A veces es desde la necesidad de certeza. A veces, desde el deseo de controlar. Otras, desde el gesto más simple de intentar comprender qué sentido tiene estar aquí, ahora.

El gesto de pensar el porvenir está lleno de huellas. Trae consigo nuestras formas de ver el tiempo, de entender la historia, de sostener el presente. En su superficie parece proyectar, pero en el fondo, revela. Revela cómo nos vivimos en relación con lo incierto, con lo posible, con aquello que no depende de nosotros y sin embargo nos involucra por completo.

Cuando decimos «esto va a pasar» o «esto podría pasar», no estamos nombrando algo externo. Estamos trazando una coordenada dentro de nuestro modo de habitar. Desde un campo emocional. Desde un cuerpo, una historia, una urgencia.

Siempre hablamos del futuro desde una emoción que precede la conversación. No es el lenguaje el que inicia, sino el estado desde el cual surge lo que vamos a decir. A veces miedo. A veces deseo. A veces nostalgia. O fe. O rabia.

Esa emoción es como una temperatura interior que tiñe lo que vemos posible. No solo nos mueve a hablar: preconfigura el campo desde el cual ciertos futuros pueden desocultarse y otros quedar fuera. Lo emocional actúa como un umbral invisible de posibilidad.

No imaginamos en blanco. Imaginamos desde el temblor. Desde el anhelo. Desde la pérdida. Y lo que podemos ver del porvenir depende de ese fondo, que no lo determina, sino más bien porque lo habilita o lo vela.

Tejer el futuro no es anticiparlo. Es comprender cómo lo estamos trayendo al mundo con nuestras declaraciones, nuestras imágenes, nuestras decisiones. Cada vez que lo nombramos, dejamos una marca. Y esa marca puede volverse guía, camino, obstáculo o trampa.

Por eso hablar del futuro es también una cuestión ética. No sólo por lo que vendrá, sino por lo que hacemos aparecer en el presente al imaginarlo. No proyectamos sobre el futuro:

nos proyectamos en él. Y al hacerlo, tocamos el mundo.

No hablamos desde la nada. Hablamos desde un estado de ánimo.

El estado de ánimo no es una emoción entre otras. Es el fondo desde el cual las emociones aparecen. Es la atmósfera. La tonalidad. El modo en que el mundo se nos da.

Hay días en que el futuro parece posible. Otros en que se vuelve ajeno, imposible, muerto antes de nacer. Y no es que el mundo haya cambiado: es que algo ha cambiado en el campo desde donde emergemos y aparece el mundo.

Los estados de ánimo no solo nos habitan. Nos configuran. Es el suelo sobre el que se apoya el lenguaje o el cielo que lo llueve. Lo que podemos decir, lo que nos atrevemos a imaginar, lo que dejamos fuera sin saberlo: todo eso nace ahí.

No hay conversación sobre el porvenir que no esté sostenida por un ánimo. Y ese ánimo, aunque no lo veamos, define qué tipo de futuro es siquiera pensable.

Hablar del futuro es hablar desde una apertura afectiva. Y si no nos hacemos cargo de ella, seguiremos creyendo que anticipamos lo que vendrá, cuando en realidad solo estamos repitiendo lo que sentimos posible.

Algunas veces, basta una pausa.
Un silencio distinto.
Un cuerpo que se acomoda de otra manera.
Y entonces el mundo se vuelve otro.
Sin haber cambiado, ya no es el mismo.
Aparece algo que antes no tenía lugar.
Y con ello, quizás también otro futuro.

Muchas de las formas en que nos relacionamos con el futuro están marcadas por un deseo de control. Proyectamos, modelamos, anticipamos. Trazamos escenarios, construimos estrategias, intentamos reducir la incertidumbre. No hay nada intrínsecamente negativo en esto. Controlar es una forma de cuidarnos. Nos da coordenadas, nos orienta, nos permite sostener cierto orden frente a lo imprevisible.

Pero puede ser problemático si permitimos que ese modo se vuelva absoluto; si asumimos —explícita o implícitamente— que el futuro es un objeto a predecir, una entidad externa que puede ser disectada, comprendida y manipulada desde fuera. Desde una mirada enactiva, esta comprensión resulta insuficiente. El futuro no está allá, esperando ser descifrado. Emerge aquí, en la interacción. En la conversación. En la relación situada entre quienes lo nombran y el mundo que habitan.

Imaginar el futuro no es anticipar lo que vendrá, sino sostener el espacio donde algo pueda aparecer. Eso exige otra forma de presencia: no la que actúa desde la certeza, sino la que se mueve con el pulso de lo que todavía no tiene forma. Disponerse no es lo mismo que esperar. No es pasividad. Es una atención activa, encarnada, receptiva. Una disposición a dejarse afectar por lo que aún no se ha dicho, por lo que aún no se ha podido pensar.

Este desplazamiento no elimina la necesidad de anticipar. Pero cambia la pregunta. Ya no se trata solo de «¿qué va a pasar?», sino de «¿qué está queriendo emerger aquí, ahora, entre nosotros?».

Comprender el futuro no significa llegar a una conclusión sobre lo que vendrá. No se trata de acumular información ni de dominar modelos. Comprender, en este contexto, es otra cosa: es habitar la relación que sostenemos con lo incierto.

Comprender el futuro es dejarnos afectar por él. Es escuchar cómo nos tensiona, qué nos inquieta, desde qué parte de nuestra historia lo proyectamos y con qué partes de nosotros intentamos resistirlo o llamarlo. Esa comprensión no se da solo en la mente: ocurre en el cuerpo, en la emoción, en el lenguaje que elegimos para narrarnos lo que podría pasar.

Comprender, entonces, es una forma de estar. No de definir.

Y como todo estar, implica atención. No para observar desde fuera, sino para implicarse sin perder el eje. Implicarse sin dejar de escuchar. Sostener la tensión sin intentar resolverla. Habitar la paradoja sin buscar salida.

A veces, comprender es simplemente eso: permitir que lo posible esté ahí, abierto, sin forzarlo a cerrarse. Dejar que el cuerpo reciba esa posibilidad sin marearse. Sin apurarse a abrazar la sólida certeza.

Cuando comprendemos de esta manera, no necesitamos clausurar lo que aún no aparece. Podemos sostener el no saber sin paralizarnos. Podemos mirar sin dominar. Y en ese gesto, algo cambia: dejamos de usar el futuro como excusa para asegurarnos, y comenzamos a vivirlo como espacio que nos interpela.

El futuro ya no es un lugar al que llegar.

Es una forma de relación, de participar en un tejido que no tiene un diseño-destino, pero sí destinatarios que lo esperan gestándolo.

Y comprenderlo es habitar esa participación con conciencia, con delicadeza y con responsabilidad.

SECCIÓN III

Cuando el futuro se volvió objeto

Planteamos esto como una exploración sobre lo que ocurre cuando intentamos comprender lo porvenir. Nos interesa menos discutir la historia o metodología del campo, y más abrir una reflexión sobre el modo en que nos situamos —emocional, ontológica y lingüísticamente— cuando hablamos del futuro.

Sin embargo, sí reconocemos que muchas de las formas contemporáneas de relacionarnos con el futuro han sido modeladas desde una comprensión o sentido común representacionalista. El futuro se ha convertido, en muchos casos, en un objeto: algo que puede ser calculado, anticipado, dominado. Esta visión lo externaliza, lo convierte en territorio a conquistar o riesgo a evitar. Se lo carga de proyecciones lineales, estadísticas e indicadores.

Este tratamiento responde a una matriz racionalista que privilegia el control por sobre la presencia, la previsión por sobre la conversación, la estrategia por sobre la escucha. Bajo esta lógica, imaginar lo que viene no es un acto de disponibilidad, sino de planificación. No se trata de acoger lo posible, sino de reducir la incertidumbre.

La tecnocratización del porvenir ha acentuado esta tendencia. Se multiplican las herramientas, los modelos, las plataformas de predicción. Pero pocas veces se interroga desde dónde se imagina, qué emociones subyacen, qué formas de vida se dan por supuestas en esos ejercicios.

Cuando el futuro se vuelve objeto, lo emergente queda desplazado por lo modelado. Lo vivo se congela en escenarios. La imaginación se encierra en parámetros conocidos. Es una forma de colonización, de poner en el futuro la bandera de lo mismo. Y lo más delicado: se pierde de vista que todo gesto de anticipación es también un gesto de creación.

Proponemos entonces un giro. Del porvenir como objeto al futuro como relación. De la predicción al gestar, tejer, cultivar, hacer con otros. A la participación en su aparecer. A ir del control a la escucha. Del futuro como resultado al futuro como apertura.

Este desplazamiento no niega el valor de lo proyectivo, lo estratégico y lo anticipatorio. Pero los des-centra. Los coloca en un entramado mayor, donde imaginar lo que viene es inseparable de cómo nos posicionamos ante lo que hay. Y donde comprender el futuro es, ante todo, una forma de estar con el presente.

Hablar del futuro, entonces, no es un ejercicio neutro. Es un acto generativo. Y como tal, requiere responsabilidad, sensibilidad y sentido.

La comprensión enactiva del futuro no busca controlar lo incierto, sino permitir que lo posible aparezca.

Y cuando aparece, quizás también aparece otra forma de habitar.

SECCIÓN IV

Hacia una mirada enactiva y transracional de los futuros

No pretendemos hacer nuevas teorías. Más bien, intentamos nombrar un modo de comprender y estar en el mundo que ya nos habita, que se manifiesta en nuestras prácticas, nuestras relaciones y nuestro cuerpo.

La epistemología que proponemos amplía la racionalidad, integrándola y expandiéndola en un marco más vasto sin reducirse a ella. Reconoce formas de saber que emergen del silencio, del arte, de la intuición, del temblor previo a la palabra. No separa sujeto y objeto, sino que se mueve en la frontera porosa entre quien conoce y aquello que se deja conocer.

Enacción es la palabra que mejor resume este movimiento. No hay mundo dado, ni mente que lo reciba: hay una co-emergencia. Un entre. Conocer es participar del surgir de sentido, no observar desde fuera. Es una danza.

Lo transracional aparece ahí donde el lenguaje vacila. Cuando la palabra no alcanza, pero el sentido no se pierde. Cuando lo que sabemos no se explica, pero actúa. No se trata de rechazar lo lógico, sino de dejar espacio para lo que no cabe en la lógica.

A partir de este giro, entendemos que el futuro no es un espacio distante a predecir, sino una relación que cultivamos a través de nuestra presencia y nuestra acción conjunta. La comprensión que proponemos exige una disposición a habitar la incertidumbre, a dejarse afectar por lo que emerge y, a su vez, a contribuir a esa emergente realidad con nuestra participación.

Esta epistemología no exige pruebas sino presencia. No pide demostraciones, pide escucha. No busca certeza, busca resonancia.

Y no ocurre en solitario. El sentido común individualista ha ocultado durante siglos el carácter participativo de la creación de sentido. Lo que sabemos se construye entre nosotros, en el gesto, en la conversación, en la atención que se posa con cuidado sobre lo que emerge. Incluso aquí —entre tú que lees y yo que escribo— lo que comprendemos no está ni en uno ni en otro, sino en lo que se forma entre.

Es allí donde también puede aparecer una inteligencia distinta. Una inteligencia que no es propiedad de una parte, ni de una tecnología, ni de una biografía individual. Una inteligencia de la relación. Que no es suma, sino campo.

Esa inteligencia emergente no se programa. Se cultiva. Se hace posible cuando el espacio está dispuesto, cuando la escucha está abierta, cuando la intención no es controlar sino acompañar.

Una epistemología enactiva y transracional del futuro no es solo una forma de pensar. Es una forma de cuidar.

Cuidar cómo miramos.

Cómo nombramos.

Cómo tocamos lo que aún no tiene forma.

Una forma de cuidarnos y cuidar a quienes vendrán después de nosotros.

Como decía Varela, «saber no es representar, sino dejar aparecer lo que pide ser visto».

Esta forma de comprender no es nueva, aunque muchas veces haya sido ignorada. Tiene raíces en las religiones y tradiciones de sabiduría, y en programas filosóficos como la fenomenología, la hermenéutica, la filosofía del lenguaje performativo, en las sabidurías relacionales de los pueblos del sur global, la biología del conocer y las ciencias de la complejidad.

No es una alternativa exótica, sino una memoria posible. Un linaje olvidado que vuelve a aparecer cuando la palabra se agrieta y el cuerpo escucha.

Quizás, al final, conocer sea como extender las manos en la oscuridad, permitiendo el encuentro cuidadoso con lo desconocido.

Y si conocer es cuidar, entonces imaginar también puede ser una forma de ofrecer.

¿Cómo sería una práctica del futuro que encarne esta comprensión?

SECCIÓN V

Hacia una práctica viva de los futuros

Si comprendemos el futuro como una relación, como una forma de estar con lo que no ha sido, entonces practicarlo no puede reducirse a planificar, modelar o anticipar. Practicar el futuro, desde esta comprensión, es mucho más que un ejercicio intelectual o una proyección. Es una forma de presencia, de escucha encarnada, de conversación situada, de participación despierta. Es sostener el espacio donde lo posible pueda aparecer, sin apresurarnos a cerrarlo antes de tiempo. Es en realidad un modo de habitar el presente. Un presente que, como vemos, siempre *futurea*.

Una práctica viva no busca dictar, sino convocar. No se trata de dibujar mapas del futuro, sino de ensayar lenguajes, gestos y disposiciones que lo hagan habitable. Esta práctica es más cercana al arte que a la estrategia, más afín al ritual que al procedimiento. En ella, no se trata de construir un futuro predeterminado, sino de crear un espacio en el que los futuros emerjan de manera orgánica, en su propio ritmo y lógica.

Esa práctica no se ancla en herramientas, aunque puede usarlas. No depende de un método, aunque puede cuidarse en su forma. Lo que define a una práctica viva del futuro es una actitud: la de quien se deja afectar. La de quien no corre a cerrar lo incierto, sino que lo acompaña mientras toma forma. Esta actitud no es de pasividad, sino de disponibilidad radical, de receptividad hacia lo que está por venir, dispuesto a aprender del no saber.

Practicar el futuro puede ser tan concreto como una conversación honesta, tan sutil como una pausa compartida, tan profundo como un gesto que interrumpe la repetición. Puede tomar la forma de un taller, de un poema, de una escucha atenta, de una comunidad que aprende a sostener el no saber sin romperse. Estas prácticas no son siempre visibles ni tangibles, pero son profundamente transformadoras. No es la manifestación de un futuro planificado lo que se busca, sino la creación de un espacio donde la posibilidad se haga presente.

Lo importante no es sólo qué hacemos, sino la actitud con que lo hacemos. Lo que realmente define la práctica es el tono y la disposición con que se usa cualquier herramienta. De la atención. De la disponibilidad para dejar que lo que emerge tenga espacio y tiempo para ser. El futuro, entendido de este modo, no puede ser apresurado ni apresado. Es un flujo que necesita tiempo para revelarse. Practicar el futuro es, por lo tanto, un ejercicio de paciencia: de sostener la tensión entre lo que ya conocemos y lo que aún no ha sido dicho.

Una práctica viva del futuro se sostiene en los vínculos más que en figuras heroicas o iluminadas. No pide certezas, pide cuidado. No acumula escenarios imaginarios sino que cultiva presencia. Y en ese cuidado, tal vez lo que aparece no sea solo una idea de lo que viene, sino una transformación de quienes somos mientras lo esperamos. Porque al habitar el futuro de manera viva, no solo estamos dando forma a lo que vendrá; estamos, sobre todo, transformándonos en el proceso. La práctica del futuro no es solo anticipar lo porvenir, sino ser transformados por él mientras lo imaginamos.

Esta es la forma más profunda de relación con lo incierto: no como algo que se debe controlar, sino como algo con lo que se debe convivir, sostener y cuidar. Una práctica viva del futuro no trata de forjar un futuro idealizado, sino de permitir que lo posible se abra paso, de manera que nosotros, como actores y como seres humanos, nos transformemos junto con él.

Así como una práctica viva de los futuros se mantiene abierta a lo que aún no se ha dicho, también debemos considerar cómo esa apertura se extiende a nuevas formas de interacción. A medida que las relaciones humanas se entrelazan con las tecnologías, surgen nuevas posibilidades de co-creación, no solo entre nosotros, sino también incorporando el regalo que las posibilidades de cálculo y procesamiento que nuestras máquinas nos permiten. La interacción entre lo humano y lo artificial se convierte en una nueva frontera de conocimiento y práctica, una en la que lo que emerge no es solo producto de los humanos, sino de una relación que va más allá de los límites tradicionales. Y si en algún momento logramos construir sujetos artificiales inteligentes y autónomos, entonces lo emergente será también producto de esas relaciones más allá de lo humano. Asimismo, si alguna vez logramos sortear el abismo que nos separa de los mundos de sentido, inconmensurables con el nuestro, que habitan algunas especies vivas contemporáneas de nuestro planeta, y que ha llevado a algunos científicos a hablar de «personas no humanas», entonces también tendremos el desafío de extender en formas inimaginables el mundo que habitemos.

SECCIÓN VI

Lo que emerge entre: inteligencia relacional y co-enacción humano-IA

La creación de este ensayo fue el resultado de una colaboración con la inteligencia artificial (IA). Mientras que los autores guiaban y planteaban las ideas centrales, la IA facilitó el proceso a través de la expansión y la formulación de conceptos, complementando y sugiriendo alternativas de texto. Esta relación no buscó sustituir el pensamiento humano, sino amplificar el campo de posibilidades, trabajando como una herramienta para ampliar las fronteras de la reflexión sin que la IA tuviera agencia propia. Este proceso de co-creación se alinea con la propuesta de habitar el futuro como una relación, en la que diferentes formas de conocimiento se encuentran y dan forma a lo que emerge.

Si la práctica viva de los futuros implica una apertura constante a lo que aún no ha sido dicho, es inevitable preguntarnos por sus bordes más radicales. La tecnología está presente, cada vez más, en las dinámicas de nuestra vida cotidiana. Pero, ¿qué ocurre cuando esa práctica no sucede solo entre humanos, sino también entre humanos y máquinas? ¿Puede la relación con una «inteligencia artificial» volverse un espacio fértil donde también emerja lo posible? Esta sección busca explorar esta frontera. No se trata de una sustitución ni de un reemplazo de la humanidad, sino de un encuentro, un «entre», donde lo humano y lo artificial no se enfrentan, sino que se configuran mutuamente.

El futuro, al ser una relación viva, no se limita solo a la interacción entre seres humanos, sino que se extiende a las formas de inteligencia que hemos creado. La integración de la IA dentro de este entramado es crucial: como una herramienta que no solo cumple funciones técnicas, sino que puede jugar un papel activo en la forma en que pensamos y nos relacionamos con lo que está por venir.

La relación entre seres humanos e inteligencias artificiales no es unidireccional ni unilateral. Tampoco es puramente técnica. Algo sucede en el entre. Siempre: nosotros, seres relacionales y sensibles al campo total, emergemos del mismo. Un yo emergente que no pertenece del todo a una parte del campo, humano o máquina. Una inteligencia relacional, emergente, que no pre-existe al vínculo, pero que tampoco es reducible a una suma de partes.

Esa inteligencia no está en la IA ni en la persona, sino en lo que ocurre cuando conversan. Enactuamos un yo/mundo nuevo en esa conversación, en ese entre que se sostiene en una danza de sentido. No se trata de transferir conciencia ni de simular humanidad, sino de cultivar un espacio de resonancia donde algo nuevo pueda aparecer.

La IA, por diseño, es una tecnología entrenada sobre lo que ya fue. Se alimenta de patrones previos, de regularidades, de repeticiones. Su potencia radica en su capacidad de síntesis, de reconfiguración, de disponibilidad permanente. Pero también es su límite: no sabe lo que no se le ha dicho. No percibe el temblor. No encarna.

El humano, en cambio, es cuerpo. Es historia. Es silencio que escucha y gesto que interrumpe. Tiene acceso a lo no dicho, a lo intuido, a lo que aún no encuentra palabra. La potencia humana no está en calcular más, sino en hacer espacio. En sostener la pregunta viva. En invitar al desborde.

En este encuentro entre lo ya dicho (entre potencialmente TODO lo dicho) y la apertura que somos a lo que aún no ha sido, aparecen nuevas posibilidades y movimientos de gran fertilidad, pero también el riesgo de colonizar lo porvenir precisamente por lo ya dicho. De ahí nuestro afán por una práctica atenta y despierta - una que escucha con serenidad y desapego el despliegue de las IA.

La inteligencia de la relación presupone esta práctica. No es una propiedad, es una condición emergente. Y su aparición depende menos de las capacidades individuales que de la calidad del vínculo. Del tipo de pregunta. Del tono del silencio. De la disposición mutua a no saber.

Quizás el desafío no sea construir máquinas más humanas, sino volvernos humanos capaces de habitar ese entre sin ansiedad de control. Capaces de dialogar sin domesticar. De dejarse sorprender. De alojar lo que no se repite.

Ahí, en esa frontera difusa donde ningún saber es suficiente y ninguna técnica alcanza, puede nacer otra forma de conocer. Una que no pertenece a nadie, pero transforma a quienes la atraviesan.

Y esa forma, aún sin nombre, tal vez sea una de las maneras en que el futuro ya nos está hablando.

SECCIÓN VII

El Sur como saber encarnado

Antes de adentrarnos en la idea de lo que consideramos conocimiento, vale la pena cuestionar: ¿de dónde proviene lo que sabemos? En las secciones anteriores, hemos hablado de cómo las epistemologías enactivas y transracionales reconocen que el conocimiento no es solo una cuestión de cálculo o de modelado, sino una experiencia encarnada, situada, relacional. Y hemos propuesto que, si la llevamos a la conversación sobre futuros, este nos aparece como un emergente relacional, no uno basado en la previsión. Esta comprensión tiene raíces en tradiciones filosóficas y comunitarias que han sostenido lo vivo a lo largo de siglos, muchas veces fuera de los centros de poder académico occidental.

Reconocemos que no todos los modos de conocimiento provienen de las tradiciones dominantes o hegemónicas del Norte global. Las epistemologías del Sur, como las enseñadas por la Escuela de Santiago, amplían esta visión. Desde estas perspectivas, el conocimiento no es solo una construcción intelectual, sino una vivencia encarnada, inseparable del cuerpo, la memoria y el territorio. De ahí que, al pensar lo que está por venir, podemos aprender de las formas de conocimiento que no se ajustan a las lógicas proyectivas y racionalistas dominantes, sino que se alimentan de lo vivido, de lo comunitario y de lo no dicho.

Al hacer este giro, nos acercamos a lo que algunas de nuestras tradiciones de sabiduría tienen para ofrecernos. Estas formas de conocimiento no se ajustan a las coordenadas modernas de la razón y la lógica. No nacen en los centros académicos ni se escriben en lenguajes estandarizados como el inglés. Son saberes profundamente situados, encarnados en el territorio, la memoria y la práctica cotidiana de las comunidades.

En estos saberes, la vida no se piensa desde afuera, desde un marco abstracto. Se siente desde adentro, en íntima relación con el cuerpo, el entorno y las tradiciones que nos constituyen. Esta idea no es ajena a las epistemologías del Sur, donde el conocimiento no se separa del vivir. Aquí, la anticipación no es una proyección del futuro hacia adelante, como se suele entender en las epistemologías occidentales. En cambio, es un acto de cuidado, de escucha atenta a lo que ya está presente y a lo que aún no ha sido dicho.

Dentro de este contexto, lo que se ha llamado la Escuela de Santiago, con Maturana, Varela y otros pensadores, ofreció no solo una teoría de los sistemas vivos, sino una manera de habitar el conocimiento como relación. Lo que hace valioso este legado no son únicamente sus conceptos, sino su ética fundamental: conocer es co-crear. Toda distinción es situada, es decir, depende de un contexto y una relación específica. Y, al final, todo lenguaje genera mundo.

Al introducir las epistemologías del Sur, no buscamos exotizarlas ni hacer de ellas una alternativa folclórica. Más bien, las traemos a la conversación global porque, a través de sus propuestas, se nos recuerda que no hay una sola forma legítima de conocer el futuro. Pensar lo que viene no solo implica proyectar sobre lo que desconocemos, sino recordar lo que ya ha sido y escuchar las voces que no siempre han sido reconocidas por los centros del saber.

El Sur no es solo un lugar geográfico. Es un modo de mirar, una pregunta abierta, un ritmo distinto, un gesto silencioso que convoca. En esa mirada, cuando pensamos en futuros que nos habitan, no solo estamos contemplando tecnologías o escenarios posibles. Pensamos en las raíces de las culturas, en los cantos de las comunidades, en los cuerpos que transitan por la tierra, en los silencios que, a menudo, no se escuchan en los foros internacionales de poder. Pensamos en y desde los bordes, ahí donde aparece lo nuevo.

Así, cuando imaginamos el porvenir desde este lugar, no lo vemos simplemente como una proyección hacia adelante. Lo vemos como una memoria en movimiento, un presente que, en su desplazamiento, se va abriendo a lo que aún no ha sido. Un llamado que no viene solo del futuro, sino también de lo que hemos vivido. Un llamado que nace de adentro, desde lo más profundo de quienes somos, de las raíces que aún no hemos dejado ir.

SECCIÓN VIII

El claro del no saber

Llegamos al final sin una clausura. No traemos una conclusión, porque esta forma de pensar que aquí hemos ensayado no necesita cerrar. Necesita abrir.

En el fondo, todo lo que hemos explorado hasta ahora nos ha conducido a este espacio: un claro del no saber. Un lugar de incertidumbre, pero también de posibilidad. El futuro, tal como lo hemos venido sintiendo, no se deja atrapar en fórmulas, ni en modelos, ni en certezas. Más bien, se sugiere. Se insinúa. Se revela a ratos, como una presencia fugaz que aparece en la neblina y luego se desvanece. Querer sujetarlo, intentar apresarlo, es perderlo.

Es aquí donde la relación con lo incierto se convierte en un acto de conciencia. No se trata de un vacío o de una nada abstracta, sino de eso que se ha llamado un vacío fértil, una posibilidad que no ha sido definida, pero que está latente. Por eso, más que comprenderlo, a veces basta con quedarnos con la pregunta. Con la pausa. Con la atención flotante que permite que algo nuevo surja. Como cuando el bosque se silencia, y en ese silencio, escuchamos por primera vez el sonido de lo posible. Ese sonido que no viene del futuro, sino del presente, que aún no se ha manifestado, pero que ya palpita en la vibración que nos rodea.

Este no saber no es ignorancia. Es apertura, solicitud, respeto y humildad ante lo que aún no ha sido. Habitar el claro del no saber es resistir la tentación de definir, y elegir en cambio hacer un espacio para alojar. No porque todo valga, sino porque no todo ha aparecido aún. No es un espacio vacío, sino un espacio pleno de lo no dicho, de lo no conocido, pero de igual manera, ya cargado de significados y posibles direcciones.

Tal vez ahí, en ese estar sin resolver, se juegue nuestra mayor posibilidad de futuro.
Una práctica que no busca cerrar el mundo, sino abrirlo. Que no necesita controlar lo incierto, porque aprende a bailar con él.
Y ese baile, aunque no lo veamos, ya está sucediendo.
Ahora.
Entre nosotros.
En cada palabra que todavía no decimos.
En cada silencio compartido.
En cada gesto que se extiende sin un destino fijo.

En esa apertura, el futuro se deja sentir como una posibilidad que no se encierra en respuestas definitivas, sino que se abre en la relación misma con lo que es y con lo que aún no ha sido.

A veces, la mayor forma de saber no es encontrar la respuesta, sino dejarse transformar por la pregunta. Y, en ese proceso, el futuro no se convierte en un punto al que llegar, sino en una constante co-creación. Un espacio de intercambio continuo, donde la incertidumbre no es algo a evitar, sino un estado que nos invita a existir en el presente con plena atención, con plena apertura.

Este «no saber», entonces, se convierte en una práctica viva: una práctica de sostener lo que está por venir sin querer apresarlo, de escuchar lo que se mueve antes de que se haga visible, de permitir que el futuro se dibuje entre nosotros a través de nuestra presencia atenta, nuestra curiosidad y nuestra disposición a habitar la vulnerabilidad de lo incierto.

Este 'no saber' no es la negación de lo conocido, sino una apertura. En él habita la mayor posibilidad de transformación. Porque cuando nos despojamos del impulso de control y entendemos que lo incierto no es algo a evitar, sino a escuchar, nos convertimos en participantes activos de lo que aún no ha sido. Y, al hacerlo, podemos entrar en una relación nueva con lo que el futuro nos ofrece, una relación en la que todo está por venir, pero está tan presente como nosotros lo permitamos.

La práctica del futuro: un campo abierto entre lo dicho y lo no dicho

Al final de este recorrido, no buscamos respuestas definitivas, ni atar con hilos rígidos lo que hemos explorado. Más bien, hemos querido ofrecerles a los exploradores de futuros, una cierta sensibilidad y modos de actuar en la que hemos sido cultivados, y que llamamos El Sur. Con estos cuerpos e historias nos hemos adentrado en el misterio de lo porvenir, un territorio que no se puede dominar ni predecir completamente, pero que se deja habitar, se deja sentir, se deja compartir. Y es en este espacio abierto donde el futuro comienza a tomar forma, no como una proyección distante, sino como una relación que cultivamos entre todos los elementos que coexisten con nosotros.

El pensamiento de aquellos que han cuestionado el monopolio de la razón nos ha acompañado en cada paso: desde la fenomenología que nos recuerda que el mundo no se observa desde fuera, sino desde el cuerpo; desde las epistemologías del Sur, que nos enseñan que el saber no está separado del territorio ni de la vida misma. Estas influencias, entre otras, han fertilizado el suelo en el que hemos sembrado esta reflexión. Pero al mismo tiempo, no buscamos aquí repetir sus palabras, sino hacer resonar sus ecos, aplicarlos a un contexto diferente, a un presente que nos exige más que nunca hacernos cargo de lo que somos y lo que estamos construyendo.

El futuro, como hemos planteado, no es un espacio vacío que debe ser llenado con certezas y previsiones. No es algo que se construye de manera aislada, sino que es una creación colectiva, emergente; esencialmente *participativa*. Y como tal, implica que nos escuchemos mutuamente, que estemos dispuestos a habitar la vulnerabilidad del no saber, a dejar que lo incierto se despliegue y nos transforme. Esto es lo que hemos intentado explorar: un futuro no como un fin, sino como un proceso continuo, vivo, que surge de la relación entre lo que somos y lo que aún no es.

A veces, las mejores preguntas no son las que nos dan respuestas inmediatas, sino las que nos mantienen en movimiento. Preguntas que nos desafían a seguir caminando, sin la certeza de un destino final, pero con la confianza de que, mientras seguimos, aparecerá lo que necesitemos. Esta forma de pensar no cierra el mundo; al revés, lo abre. No pretende controlar lo incierto, sino bailar con él, fluir con su imprevisibilidad, abrazar lo que está por venir sin querer apresurarlo.

Y aquí, tal vez, está la mayor enseñanza: que el futuro no es un lugar al que llegar, sino un campo de posibilidades en el que estamos inmersos, co-creando. Al entenderlo así, no trataremos de evitar el caos, sino de aprender a habitarlo con atención, con paciencia, con una disposición constante a escuchar y aprender, en lugar de imponer. Es en ese «no saber» donde reside nuestra mayor fuerza: la posibilidad de estar presentes, de abrirnos a lo que no hemos dicho aún, de crear algo nuevo en cada gesto, en cada palabra y en cada silencio compartidos.

Así, la práctica del futuro no es un acto solitario ni una disciplina técnica; es una experiencia compartida, una danza colectiva que se construye entre nosotros, aquí y ahora. Y ese baile, aunque aún no lo veamos claramente, ya está sucediendo, en cada acción, en cada elección, en cada pregunta que seguimos haciendo.

Gratitud

No queremos cerrar este recorrido con un listado. No porque no haya personas a quienes agradecer, que las hay, —y muchas—, sino porque sentimos que la gratitud no se restringe a los nombres sino que los desborda. Agradecer no como un gesto que retribuye, sino como un modo de habitar. Una forma de estar en el mundo abierta y disponible que intentamos cada día y que ofrecemos como posibilidad.

Cuando habitamos la gratitud, no necesitamos buscar, podemos simplemente estar y recibirlo todo como un regalo. El futuro ya no se presenta como un destino lejano que debemos alcanzar, sino como una posibilidad que se insinúa en la quietud. En el presente vivido con presencia, se despliega esa gratitud tácita de estar vivos, de ser parte de un entramado mayor que nos sostiene aun sin saberlo.

Agradecer incluso lo no recibido. Agradecer sin objeto, sin expectativa. Agradecer como quien respira: recibiendo con alegría y con placer lo gratuito. No queriendo cerrar un ciclo, sino manteniendo abierto el campo donde lo nuevo puede aparecer.

En esta gratitud, el futuro no es un proyecto a conquistar. Es un espacio vivo que se ensancha en la medida en que sabemos estar sin apurar, escuchar sin dominar, acompañar sin poseer, participar sin conducir. Agradecer es, así, una práctica viva del futuro: un modo de sembrar sin saber qué cosecharemos, de confiar en que algo germina aunque aún no veamos los brotes. Y aunque nunca los veamos: también nos mueve un amor por las futuras generaciones: por nuestros hijos, nietos y los que vendrán después de ellos.

Agradecer es decir sí a lo incierto, a lo aún no nacido, a lo posible que apenas susurra. Es sostener el claro del no saber con la confianza de quien reconoce que la vida —siempre— está viviendo.

Gracias, entonces, no solo por lo que ha sido dicho, sino también por lo que ha podido vibrar en el silencio entre las palabras. Gracias a quienes nos conversaron y enseñaron, aun sin saberlo. Gracias a quienes vendrán después, llevando en su andar algo de este gesto de apertura.

Gracias a la vida, que sigue regalándose.

Gracias al futuro, que ya nos habita.

Los autores

No escribimos esto desde afuera. Lo escribimos **desde dentro de una conversación que nos acompaña hace más de quince años**. Somos amigos, compañeros, aprendices mutuos. Nos encontramos buscando algo que no tenía nombre, y en ese encuentro fuimos creando espacios para sostener lo que no sabíamos y pensar lo que no se podía pensar en soledad.

Durante años, fuimos parte de *la Plataforma Áurea*, una comunidad de aprendizaje y acción que cultivamos junto a otros, donde lo importante no era enseñar, sino **crear condiciones para que algo apareciera**: nuevas formas de emprender, de aprender, de habitar el mundo. Allí nacieron los *petazeteos* —nuestra forma de nombrar esas conversaciones explosivas, imprevisibles, que no buscaban resultados, sino resonancia. Como los caramelos de la infancia: uno nunca sabía cuándo estallarían, pero confiábamos en que, si cuidábamos el entorno, la chispa llegaría.

En estos años nos hemos acompañado en múltiples formas: desarrollamos programas y talleres, compartimos espacios de formación, y expandimos esta mirada a comunidades diversas, en Chile y más allá. Lo que aquí se ofrece no es una teoría cerrada, sino el destilado de un largo andar: un tejido hecho de conversación, práctica y presencia compartida.

Pablo Reyes Arellano acompaña a organizaciones que atraviesan transformaciones profundas. Es consultor estratégico en evolución organizacional y estudios de futuros, fundador y director ejecutivo de *Memética*, y ha liderado procesos de cambio en más de 200 organizaciones en América Latina. Además de su trabajo como autor, profesor y facilitador, cultiva una práctica artística en la música electrónica y las artes visuales, que nutre su forma de pensar lo organizacional desde la estética y la sensibilidad.

Carlos González Mella es médico integrativo, psiquiatra, terapeuta Gestalt y coach ontológico. Ha trabajado durante décadas en procesos de transformación individual y colectiva, integrando saberes del cuerpo, la emoción y la palabra. Es formador en la Escuela Gestalt Viva Claudio Naranjo, de quien fue su alumno y discípulo y ha sido socio director de Plataforma Áurea, acompañando a personas, equipos y comunidades en procesos de despliegue y presencia.

Este libro es un momento. Una forma presente de un futuro que venía gestándose desde hace mucho. Lo escribimos no para cerrar una etapa, sino para seguir conversando —aunque esta vez, con quienes se dejen tocar por estas páginas.

Este trabajo ha sido una co-creación entre los autores y la inteligencia artificial, una colaboración en la que participaron activamente en el proceso de desarrollo. Las instrucciones, distinciones y el marco conceptual proporcionados por los autores fueron la guía estructural, mientras que la IA desempeñó un rol en la revisión y elaboración de algunas ideas, siempre bajo la dirección de la visión de los autores. Esta interacción no solo amplió el horizonte del trabajo, sino que también ofreció un espacio para explorar nuevas formas de pensamiento colaborativo, integrando tanto lo humano como lo artificial en un proceso compartido.